हृदयाभिव्यक्ति

(काव्य संग्रह)

चन्द्रिका कुमार 'चाँदनी'

रोहिणी, दिल्ली -110089

प्रथम संस्करण : 2021

ISBN : 978-93-90889-27-3

प्रखर गूँज पब्लिकेशन

एच-3/2, सेक्टर-18, रोहिणी, दिल्ली-110089

दूरभाष : 7982710571, 7838505899, 011-27851059

मूल्य : 200/-

हृदयाभिव्यक्ति

चन्द्रिका कुमार 'चाँदनी'

Hridyabhivyakti

By : Chandrika Kumar 'Chandani'

Published by

PRAKHAR GOONJ PUBLICATION

Delhi - 110089

E-mail : prakhargoonj@gmail.com

sinha.neelu123@gmail.com

011-27851059, 7982710571, 7838505899

Web : prakhargoonjpublicationofficialwebsite.com

ॐ

।। श्री परमात्मने नमः ।।

शत – शत नमन वर दे

माँ सरस्वती साहित्य, संगीत और कला की अधिष्ठात्री देवी है, जिनकी वीणा की झंकार से ही ब्रह्माण्ड में कहीं भी कविता, सुर-ताल व कला के आलेखन का निर्माण हो पाता है। ऐसी वीणा वादनी माँ को मेरा शत-शत नमन जिनकी महती कृपा से ही 'हृदयाभिव्यक्ति' पुस्तक का सृजन हुआ।

चन्द्रिका कुमार 'चाँदनी'

समर्पित काव्य पुष्प

कविताओं के विस्तृत फलक पर मेरा यह 'हृदयाभिव्यक्ति' प्रथम कविता संग्रह रूपी नन्हा सा काव्य पुष्प सादर समर्पित है परम पूज्य गुरूवर राजकीय महिला स्नात्कोत्तर महाविद्यालय रामपुर में अंग्रेजी विभाग के प्रोफेसर रहे स्व० डॉ० देवेन्द्र सिंह जी को, जिनको अचानक से खोना जीवन की दुःखद घड़ी रही पर ज्ञान का आलौकिक पुंज बन आप सदैव अपने विद्यार्थियों में समाहित रहेंगे ऐसी ईश्वर से प्रार्थना करती हूँ। मैंने कभी नहीं सोचा था कि इस रूप में गुरूजी का नाम लिखूँगी। अपने को अत्यन्त भाग्यशाली मानती हूँ कि उनके आशीर्वाद की तरु छाया में आश्रय पाने का मुझे परम सौभाग्य प्राप्त हुआ और मैं भी कभी नीड़ (घोंसले) में छिपी नन्हीं चिड़िया से, आज नीड़ (साहित्य) का निर्माण करना सीख रही हूँ।

साथ ही साथ अपने दादाश्री
स्व० श्रीमान् बुद्धसैन बरवार
एवम् दादीश्री स्व० श्रीमती दुर्गा देवी
जी को समर्पित मेरा यह काव्य पुष्प।

आभारी प्रेरक पुंज

'हृदयाभिव्यक्ति' पुस्तक का अविर्भाव हो सका जिनके कारण वो हैं, मेरी जननी श्रीमती रेखा देवी एवं जननी प्रिय श्री चन्दन लाल जी। आप दोनों की पुत्री होना यह किसी दैवीय आशीर्वाद से कम नहीं, आपके स्नेह और संरक्षण के लिए आभार तो प्रकट करना अत्यन्त कठिन है, परन्तु फिर भी आपके नाम के साथ मेरा नाम जोड़ कर अपने नाम को सार्थक समझने के लिए आपका आभार प्रकट करती हूँ।

क्योंकि गुरू का व्यवहार हमें अनंतकाल तक प्रभावित करता है इसलिए गुरू को अतुलनीय कहा गया है। मैं भी अपनी संस्कृत प्रोफेसर डॉ० अनीता त्यागी के अपार स्नेह और उनकी गुरूता से प्रभावित होकर उनके द्वारा सीखे ज्ञान को आगे बड़ा रही हूँ। साथ ही साथ अभी यहाँ पहुँचने तक के इस आरम्भ के सफर में जिन महानुभावों का सानिध्य, आशीर्वाद और सहयोग मुझे मिला, उनका भी मैं हार्दिक आभार प्रकट करती हूँ।

श्री रामशब्द चौहान	– मऊ, (उ० प्र०)
डॉ० प्रभा शर्मा	– मुरादाबाद, (उ० प्र०)
श्री प्रभाकर मिश्र	– मैनपुरी, (उ० प्र०)
श्री शोभित शर्मा	– मेरठ, (उ० प्र०)
श्रीमती विनिता आर्या	– रामपुर, (उ० प्र०)
ऋचा उप्पल बिरला	– जालन्धर (पंजाब)

एवं मेरे अन्य सभी गुरुजन, मुखरित 'प्रखर गूंज' प्रकाशन, मेरे अन्य सभी साथी व मेरे भाई-बहन का मेरी लेखनी के लिए प्रेरक पुंज बनने हेतु आभार प्रकट करती हूँ।

चन्द्रिका कुमार 'चाँदनी'

शुभाशंसा

कविता में भावना का समावेश जितनी ही शुभ्रता, उत्कृष्टता, प्रमुखता और लालित्य के साथ समाहित होता है वो उतनी ही प्रासंगिक और अपने माधुर्य को प्राप्त होती चली जाती है और जो भी उसे सुनता है, पढ़ता है वो उसके प्रवाह में बहता हुआ वहाँ चला  जाता है जहाँ तक कविता ले जाना चाहती है क्योंकि भावहीन कविता ठीक उन प्लास्टिक के सुमनों जैसी होती है जो देखने में तो भले ही सुंदर व आकर्षक लगे लेकिन उनमें नैसर्गिक खुशबू का नितांत ही अभाव रहता है। इससे कोई भी फर्क नहीं पड़ता कि कविता छंदबद्ध है या छंदमुक्त। हाँ छन्दबद्ध कविता का मंच की दृष्टि से आजकल ज़रूर महत्व समझा जा सकता है पर साहित्य की दृष्टि से कविता का आंकलन सदा ही उसकी भाव-प्रवणता, शिल्पगत सौंदर्य व शब्दों के सहज व सरल समायोजन से ही होता है। चंद्रिका कुमार 'चाँदनी' की कुछ ऐसी ही रचनाओं के कैनवास से होकर मैं गुज़रा हूँ जिनका परोक्ष साहित्यिक परिचय कुछ कविताओं के सैम्पल्स के माध्यम से मेरी मित्र डॉ.किरण कैथवाल ने कराया है।

जीवन के यथार्थ को व्यंग्यात्मक लहजे से समाज के समक्ष कटाक्ष कराती उनकी कविताएँ ये संदेश देने का भरसक प्रयास करती हैं कि अगर अतीत में कुछ परिवर्तन हो जाता तो वर्तमान, वर्तमान जैसा नहीं रहता। चंद्रिका जी की रचनाओं में जिजीविषा का पुट पूरी गहराई से समाया हुआ है। ज़माने भर के तमाम नाकारात्मक शूलों से

उनकी साहित्यिक सकारात्मकता की ढाल मुसल्सल मोर्चा लेती हुई सी प्रतीत होती है।

उनकी रचनाधर्मिता कभी प्राकृतिक सौंदर्यबोध कराती है तो कहीं वर्तमान परिवेश में रिश्तों के टूटने से उत्पन्न एहसासों से परिचय कराती हुई महसूस होती है। कहीं वियोग श्रृंगार की असह्य पीड़ा परिलक्षित होती है तो कहीं अभीष्ट मंज़िल को पाने की ललक झलकती है।

कुल मिलाकर विविध सतरंगी रंगों से सजा उनका साहित्यिक संसार के पाठकों को बरबस ही अपनी ओर खींचने में समर्थ होगा ऐसा मेरा विश्वास है।

डॉ रंजन विशद
प्रख्यात गीतकार, एवं
सुप्रसिद्ध आयुर्वेदिक चिकित्सक
मालद्वीप ' 44 - उमंग   – 2
महानगर, बरेली

अभिमत

इस दुनिया में बहुत लोग आते हैं और चले भी जाते हैं। लेकिन उनमें से वही लोगों के दिल में हमेशा के लिए रह जाते हैं जो अपने लिए नहीं बल्कि दूसरों के लिए जीते हैं, दूसरो की परवाह करते हैं। उसी तरह लोगों के हृदय पर अधिकार करने वालों में से एक है ''कवि'' जो कि खुद की भावना से लोगों के हृदय तक पहुँचता है। उसी तरह कम उम्र में भी चन्द्रिका जी अपनी प्रतिभा के बल से तथा अपनी कविता के द्वारा सब के ही दिल में राज़ करेंगीं। इनकी कविताएं लोकाभिमुख एवं जनादृत होंगी। मैं उनकी उत्तरोत्तर उन्नति की कामना करता हूँ।

(लेखक)

डा० पूर्णचन्द्र त्रिपाठी

सह – शिक्षक

विद्यालय और गणशिक्षा विभाग

ओडिशा

मेरी कलम की स्याही से

हाथों मे जब से कलम थामी तब से लेकर हृदयाभिव्यक्ति के प्रकाशित होने तक का सफर मानो किसी पीहर की तरह रहा। पाठशाला, विद्यालय फिर महाविद्यालय में गुरूजन मायके वालों की तरह सब कुछ सिखाते रहे, कि मुझे जीवन के सफर को किस तरह समझना है, किस मोड़ पर क्या करना है और क्या नहीं। महाविद्यालय से पढ़ाई के बाद जब बाहर कदम रखा तब समझ आया कि सम्पूर्ण जीवन में विद्यार्थी जीवन अत्यंत ही स्वर्णिम और महत्वपूर्ण जीवन है। अतः अपने विद्यार्थी जीवन में मिलने वाले गुरूज्ञान के लिए सभी गुरूजनों का हृदय से धन्यवाद।

एक नवेली वधू के रूप में 'हृदयाभिव्यक्ति' मेरी प्रथम रचना, जिसमें सहेजा है मैंने एक हृदय में विभक्त २ अलिन्दों और २ निलय के भावों को। ससुराल की चौखट पर पाँव रखते हुए जो भाव नव वधू के हृदय में आश्रय पाते हैं वही भाव आज मेरी लेखनी की नोक पर आ चिपके हैं। आज हृदय में अपार उत्साह है तो हिचकिचाहट भी, सब मंगलकारी हो ऐसी प्रफुल्लित भावना है तो अभी कुछ-कुछ झीना पर्दा भी।

मायके से सीखे बेशुमार संस्कार, कौशल और कलाओं का गौरव संग-संग लिए साहित्य की ससुराल में प्रवेश कर विराट संवेदनाओं, भावनाओं और आकाँक्षाओं को मोहित करके मात्र कलम और कागज़ के द्वारा लेखन मे पिरो लेने का असीमित प्रयत्न प्रारम्भ कर रही हूँ। जिसमें सर्वप्रथम प्रोत्साहन स्वरूप आशीर्वाद है आकाशवाणी रामपुर के प्रसारण अधिशासी श्रीमान् रामशब्द चौहान जी का जिनकी प्रेरणा और मार्गदर्शन में हृदय के तितर-बितर भावों को काव्य की सलाई में क्रम से व्यवस्थित कर पाई।

व्यवस्था की परिभाषा घर के घरेलू कामों की हो या लेखनी के लेखन कार्य की, ये सीखना हो तो माँ से उत्तम गुरू इसे परिभाषित नहीं कर सकता। जैसे पक्षी दाना चुगना अपनी माँ से सीखता है, जैसे कोई जीव अपना घरोंदा बनाना भी अपनी माँ से ही सीखता है उसी तरह जीवन की हर व्यवस्था सिखाने में मैं अपनी माता-पिता की सदैव ऋणी रहूँगी।

"हृदयाभिव्यक्ति" के द्वारा मैंने मानव भावों के वृक्ष पर पल्लवित तमाम पत्तियों को लेखन की विधा कविता के माध्यम से सिंचित करने का प्रयास किया है। इसकी भाव रूपी पत्तियों के द्वारा सहेजी गई काव्य कलियाँ कितनी प्रस्फुटित हो पायीं इसका निर्णय व निरीक्षण आप जैसे अपार साहित्य प्रेमी महानुभावों एवं पाठकों का है।

अपनी प्रथम रचना 'हृदयाभिव्यक्ति' कविता संग्रह के रूप में आप सबके समक्ष प्रस्तुत कर रही हूँ। आपके संदेश, प्रतिक्रिया एवं सुझावों की प्रतिक्षा रहेगी।

चन्द्रिका कुमार 'चाँदनी'
६६, लालरेखा निवास चौकी हजयानी
सराये रोड निकट छम्मन मियाँ की टाल,
शिव कृपा धाम, रामपुर (उ० प्र०)

अनुक्रमणिका

मेरे प्यारे पापा

दिया मुझे जीवन, इस देह को गढ़ा आपने,
जब चलना भी नहीं जानती थी तब
क़दमों को कैसे बढ़ाऊँ सिखाया आपने,
सुख में दुःख में रहूँ समान इतना ये,
सारा ज्ञान भी पाया आपसे।
जब जब दूभर लगा दुनिया में जीना,
तब तब संसार को समझना सिखाया आपने।
अध्ययन की परीक्षा या परीक्षा हो जीवन की
सभी में रहूँ अव्वल ऐसे विचारों से
पोषित हूँ आज भी!
आज भी बेटी होकर आपकी,
दुनिया की हर बात पर
बेबाक़ लिख पाती हूँ तो वो हुनर
मुझमें पहचान है आपकी।
आपके जैसी आदतें जब अपने में समाहित पाती हूँ
मेरे प्यारे पापा,
तब आपके लिए भी मैं दुनिया की
अनोखी बेटी बन जाती हूँ।।

सातों जनम के पुण्य

सातों जनम के पुण्य तुम हो,
पाँचों पहर की इबादत तुम हो,
तुम्हीं हो मेरे जीवन की आस्था,
और तुम्हीं मेरी कलम की पराकाष्ठा।।

रीमिक्स सौंग

''संग मेरे प्रेम के सुर सज़ा,
फिर यूँ लय छोड़ देना... सब कुछ
'आधुनिक बातें' और रीमिक्स सौंग
जैसा ही रहा तुम्हारे लिए..।।

क्या कहने ख़ुदा के

क्या कहने ख़ुदा के;
जिसने ऩखरे और नज़ाकत
शिकवें और शिकायत।
सबका पर्याय तुम्हें बनाया,
और इन सबका आधार तुम्हारा
प्रियतम मुझे बनने का गौरव दिया।।
पाने को तुम्हें दुनियाभर को तरसाया,
हाँ वाक़ई ख़ुशनसीब हूँ मैं जो मैंने
तुम्हें और तुम्हारा प्यार भी पाया।।

संगम दिलों का हुआ

संगम दिलों का हुआ, दो चाहतों का हो जाता; तो ना
कोई राधिका मोहन के प्रेम पर प्रश्नचिन्ह लगाता।।
संगम दिलों का हुआ, दो भावों का हो जाता, तो ना
कोई सिया को प्रेम के ख़ातिर अग्निपरीक्षा दिलाता।
संगम दिलों का हुआ, दो जातियों का हो जाता, तो ना
कोई इंसानों को ऊँच नीच का दर्पण दिखाता।।
संगम दिलों का हुआ, आस्था संग विज्ञान का हो जाता,
तो ना कोई भी ईश्वर की सत्ता को फिर झुठला पाता।।

एक नया सवेरा

नित नए ग्रंथ सृजित करता,
समेट नए विचार 'नया सवेरा',
भूमण्डल से बृहत् ब्रह्माण्ड तक।
कल्पनाओं के नए अरविन्द खिला,
मन सरोवर को प्रवाहित करता।।
नित एक नया सवेरा...

उन बूँदों की छुअन

बूँदों की छुअन से मिली,
खुशियों के जैसे ही थी ;
तेरे प्यार में मिली खुशियाँ,
जो बहुत तरसाने के बाद आईं,
पर कुछ पल ही साथ रह कर,
अगले पल में
फिसल कर समाप्त हो गईं।।

अंदाज़ अपना-अपना

ख़्वाब देखे थे जो कल वो,
कभी हकीक़त बने ही नहीं;
आज जो हकीक़त है,
वो कभी ख़्वाब आया ही नहीं।।
आने वाले, बीते दो पलों के,
टुकड़े सिलती रही ज़िन्दगी
मन कभी वर्तमान के भागते,
धागे पर चला ही नहीं……।।
मुरझाए, बिन खिलें फूलों को,
समेटता रह गया उम्र भर
जीवन में मिले खुशबूदार
सुमनों को देखा भी नहीं……।।
बस, कुछ आया नज़र ऐसा
सबको अन्दाज़ अपना-अपना।।

ओ ठहर जा मंज़िल

तुझमें जियूँगा मैं,
क़िस्मत से नहीं जुनून से
जीतूँगा तुझे।
हाथों में रेखा लिए टेढ़ी,
पर नज़र सीधी तुझपे मेरी।
पाने को तुझे देखता नहीं
दिन रात मैं और दूपहरी।
रहा की ठोकर के, वक़्त से
आँसू पोंछ लूँ;
ठहर जा मंज़िल
गिर गया हूँ,
बस उठकर खड़ा हो लूँ।।

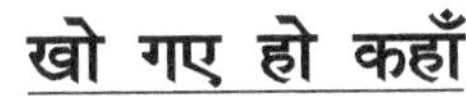

खो गए हो कहाँ

खो गए हो कहाँ, नज़र तुम्हें तलाश रही। हीरे
जैसी, चाहत मेरी वक़्त के साथ और निखर रही।।
खो गए हो कहाँ, धड़कन तुम्हें तलाश रही। स्वर्ण
जैसा इश्क़ मेरा जुदाई जिसे और चमका रही।।
खो गए हो कहाँ, मोहब्बत तुम्हें तलाश रही। चाँदी
जैसी वफ़ा मेरी रस्में जिसे और रजत सा बना रहीं।।
खो गए हो कहाँ, मेरी तलाश ही तुम्हें तलाश रही।
जीवन बना हर धातु सा प्रेम जिसे तराश रहा।।
आख़िर खो गए, हो कहाँ मैं रत्नों जैसा;
ढूँढती तुम्हें यहाँ से वहाँ और वहाँ से यहाँ।।

वो मासूम चेहरा

वो मासूम चेहरा,
चेहरे पर उसका रेशमी पहरा,
मन को सब भा गया।
चाँद में लगे दाग़ जैसा,
उसके नक़ाब से ढका मुखड़ा लगा;
चंद्र के आकर्षण सा,
हर लम्हा खींचता छोड़ता वो,
मन के सागर में उठा,
ज्वार और भाटा ही था।।

काश कि हम मिले होते

फिर तो,
डाल पर मोहब्बत की
बसंत के सिवा,
ना मौसम पतझड़
के होते।
चन्द्र और ख़्वाब भी फिर
हर रात पूर्ण होते,
न उनमें
ग्रहण-दोष कभी लगे होते...।।
काश कि हम मिले होते।

मेरे जीवन के बसंत

मेरे जीवन के बसंत कहाँ हो तुम ?
अब चले आओ के पतझड़ जाने को है-२
मेरा हृदय हुआ वीरान जंगल सा; आशा
का हर पत्ता डाल से टूट कर बिखरा है।
कभी जो यादें बन कर लिपटी थीं हार सी
वो लताएँ भी अपने वक़्त पर मुरझा गईं।
उम्मीद के फल भी इस पर आकर लुट गए
युगल स्वप्न का नीड़ अब जीर्ण होकर गिर रहा।
तरूवर की इसी डाल पर जन्मा वो नन्हा प्रेमी पंछी
भी जीवन समाप्त कर मर जाने को है।
मेरे जीवन के बसंत कहाँ हो तुम ?
अब चले आओ के पतझड़ जाने को है।।

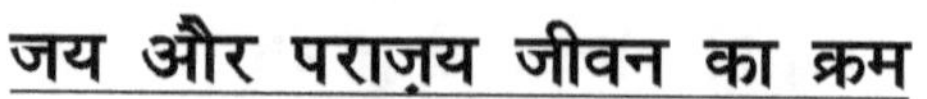

जय और पराज़य जीवन का क्रम

जय और पराज़य जीवन
में सब क्रम से आते;
कुछ इसमें उबर जाते
कुछ इसमें बिखर जाते।।
कुछ का जीवन इन किनारों को
किनारों पर छोड़ आगे बड़ जाता,
और कोई बस इन जय पराज़य की
भँवर में ही अपने को फँसा हुआ पाता।।
इसलिए जय पराज़य दोनों करो स्वीकार......

दूर ले जाएगी हमको जग से

दूर ले जाएगी हमको जग से
तुझे पाने की चाहा कान्हा,
धरती और आकाश से परे,
जब होगा हमारा मिलन कान्हा।।
तब अवरोध सारे मिट जाएँगे,
टूटेंगे सारे बंधन कान्हा,
मुझमें मेरा कुछ ना दिखेगा,
सब ओर दिखोगे तुम कान्हा।।
दूर से भी बहुत दूर ले जाएगी हमको,
बस तुझे पाने की चाहा कान्हा।।

सर्द हवाओं में एहसास तेरा है

सर्द हवाओं में एहसास हमेशा तेरा है,
कंपित हुए शरीर से लिपटा नाम
सिर्फ़ तेरा है,
सर्द हवाओं की सुगंध में बसे हुए तुम हो
छू जाए जब ये मुझे छूते हमेशा तुम हो
इर्द गिर्द घूम के करती पहरेदारी मेरी ये।
अठखेलियाँ करती मुझसे,
''सर्द हवाओं में'' तुम हो.............।।

रिश्तों की दरारें जब नज़र आती

रिश्तों की दरारें जब भी नज़र आती हैं;
जीवन विस्फोटक बन जाता है;
अपना ही कोई विरोधक बनता;
नहीं कोई ग़ैर दिल दुखाता है;
सिखा जीवन के तौर तरीके;
लोभ में आ जब रिश्ते बिकते;
सारी कोशिशें तब हार जाती हैं;
नफ़रत की दीवारें नहीं ढह पाती हैं;
विश्वास की बल्ली भी फिर गिर ही जाती है;
रिश्तों की दरारें जब भी नज़र आती हैं।।

वो बरसों के याराने गए

बरसों के वो याराने गए
लिखे थे जो अफ़साने गए,
फिरते थे निकल सड़कों पर,
आधी रात के दीवाने गए।
गए चाँद संग सभी नज़ारें,
दिल के सारे अरमान भी गए,
रहे इंतज़ार में तुम्हारी रात भर,
झिलमिल से वो तारे गए।।
मदहोशी में पले उम्र भर, जाते ही तेरे;
स्वप्न बिखर सारे गए, बरसों के याराने गए।।

इतना मुश्किल भी नहीं है

'वक़्त' की 'आँधी' (वायु) से टकराना
बरगद जैसा स्थिर हो जाना।
इतना मुश्किल भी नहीं.......
'क़िस्मत' की 'अग्नि' (आग) में तप
स्वर्ण बन निखर पाना।
इतना मुश्किल भी नहीं......
'कर्मों की 'लहरों' (पानी) पर पतवार
जैसे तैर आगे बढ़ जाना।
इतना मुश्किल भी नहीं.......
'अपमान' की 'भूमि' (मिट्टी) को चीर एक
सुगम रास्ता बना निकल जाना।
इतना मुश्किल भी नहीं.......
'असफलता' के नभ (आकाश) को भेद
खग जैसा उड़ते जाना।
जितना मुश्किल है, ओ.... कान्हा;
तेरे प्रेम बंधन में बन्ध फिर
उससे रिहा हो पाना।।

कौन कुबूल करता है

कौन कुबूल करता है
फूलों के काँटों को,
ग्रहण वाली रात को
अधूरे जज़्बात को,
बिखरे मोती के हार को
रब से ही ठुकराए बंदे को,
कौन कुबूल करता है
फिर यहाँ;
किस्मत से हारे हुए इंसान को.....।।

सुनहरे से वो पल

सुनहरे से वो पल ज़िन्दगी की
बेकारी में याद आते हैं।
बिखरते हैं टूट कर जब भी हम,
यही पल समेटने आते हैं।।
सब रत्नों में, खास पारस मणि
की तरह ये सहेजें जाते हैं,
सुनहरे से वो पल, कहीं भी भटके
राही को राह दिखा जाते हैं।।

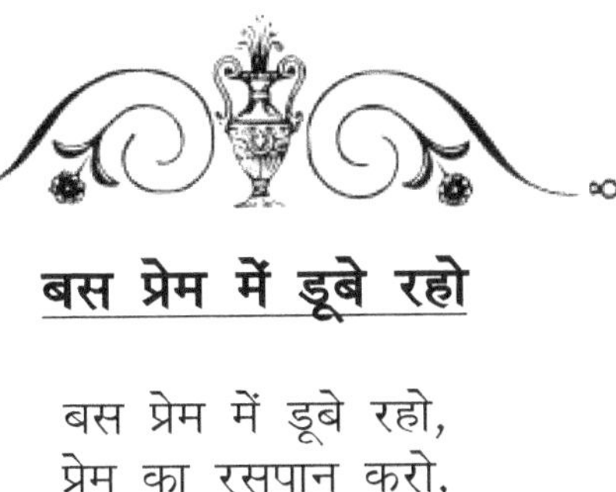

बस प्रेम में डूबे रहो

बस प्रेम में डूबे रहो,
प्रेम का रसपान करो,
प्रेम भोजन, प्रेम उपवास,
ऐसा तुम प्रयास करो।
प्रेम ना होता इस धरती पर,
गगन नीर बहाता ना;
प्रेम में सजी चाँदनी के संग,
चाँद फिर जाता कहाँ ?
प्रेम पूजा, प्रेम इबादत,
प्रेम ही हर बार करो;
चाहे हारो फिर इसकी बाज़ी,
पर जरूर एक बार करो।
प्रेम में डूबे रहो सबसे,
प्रेम ही दिन रात करो।।

कहो तुम ही

कहो तुम ही
शक्ल दिखाने आए हो
या अक़्ल का फ़रमान लेकर
मुझे सुनाने आए हो।
जीवन की पहली गुस्ताखी,
समझाने आए हो;
मुझे सुलझाने या खुद
उलझने आए हो।।
दिन रात पढ़ी जो नज़्म प्रेम की
उसे भूलाने आए हो;
दखल देकर घायल मन में,
अब क्या नया ज़ख़्म लाए हो।।
कहो तुम ही कैसे.?
बरसों में आज; शक्ल दिखाने....।।

बस थोड़े से सुख के लिए

बस थोड़े से सुख के लिए
मैंने मधु को होंठों से लगाया;
फिर थोड़ा थोड़ा करके

उसने भी मुझ पर हक़ जताया;
पहले अपनों से अंत में,

प्रेमिका से भी मेरा बैर करवाया;
थोड़े से सुख के लिए जब मैंने,

मधु को होंठों से लगाया।
मेरे लहू में मिल कर मेरें लिए

मुझ से भी लड़ गई वो, (मधु)
'थोड़े से सुख के लिए' बन गुरूर मेरा,

मुझे चिता के अंतिम सुख
तक पहुँचा गई वो (शराब)।।

दरवाज़े क्यों बंद हो गये

दिल के दरवाज़े जो कभी खुलते थे;
तेरे ही नाम से वो अब क्यों बंद हो गये।।
हर रास्ते के हमसफ़र तुम ही थे;
अब तुम कहाँ गुम हो गये।।
बहुत हुईं दस्तख दिल के दरवाज़े पर, पर
कोई चौखट ना लाँघ सका जबसे तुम गये।।
हाय! मेरे दिल के दरवाज़े उम्रभर
के लिए तुम क्यों बन्द कर गये..?

ज़िंदगी पर हस्ताक्षर

ज़िंदगी पर हस्ताक्षर
तेरे नाम के क्यों हैं;
मेरी लिखी कविता के शब्द
तेरे गुलाम क्यों हैं;
क्यों है मेरे ख़ामोश लबों पर
तेरी ही कहानियाँ,
सुनते रहे हम सुनाती रही
हर पल ये सारी दुनिया
पाकर छूट गए अपने और
छूट गया सारा ज़माना
ना जाने क्यों छोड़ कर भी
आज हमने तुझे पा लिया।।

और तुझको क्या चाहिए

मैं तेरे लिए ही तो
दुनिया में आया,
तेरे ख़ातिर सबसे प्रेम जताया,
तेरे लिए ही मैंने
कड़वे अनुभव भी सहे,
तुझे साँसें देने के ख़ातिर ही मैंने
दुनिया से ग़म मोल लिए
तेरे लिए ही ए ज़िन्दगी! खुशियाँ
भी बेचीं कभी मैंने; और, और
ख़्वाबों को तो हर वक़्त गिरवी रखा
ऐसा कुछ ना किया जो तेरे लिए नहीं था
फिर भी, ए ज़िन्दगी
और तुझको क्या चाहिए...।।

खुशियाँ ढूँढते हैं

मोहब्बत के सफ़र में,
खुशियाँ ढूँढते हैं,
होकर खड़े रेगिस्तान में,
पानी का भँवर ढूँढते हैं।।
सिमट कर खुशियाँ तिरोहित,
कब की हो चलीं,
अनजान हुए से अब भी,
इश्क़ में सुकूँ ढूँढते हैं।।
ग़म और खुशी के काँटे पर,
चढ़ कर हम फिरसे,
किसलिए ज़िन्दगी और प्रेम को,
बार बार तोलते हैं।।
उलझ कर नैनों के जाल में,
जिस रोज छुआ था तुम्हें,
याद कर उसी स्पर्श को बस,
अपना कर चूमते हैं।।
गए छोड़ जिस सड़क से तुम,
आज भी वहीं निहारते हैं,
लौट आओ मौसम की तरह,
सिर्फ़ यही सेचते हैं।
इसलिए...

साथ वही

साथ वही है जो ख़ुद हाथ थामे और संग चले।
बस चले बस चले बाक़ी सब क़ुर्बा करे।।
साथ वही है जो धूप सा तप कर भी,
चाँद सी शीतलता का वादा करे।।
साथ वही है जो बूँदों सा बिखर कर भी,
सागर के पानी सा एक हो, जीवन को प्रेरित करे।।
साथ वही है जो समाज की रस्मों को सिर लगा,
प्रेम के पवित्र रंग में सदा रंगने का प्रयास करे।।
साथ वही है जो........
हो जुदा पर हर पल मिलने का वचन तो दे।
साँस हो जब आखिरी तब; साथी बन साथ तो दे।।

तब दिन नया निकलता है

जब नभ का अंधियारा
और बड़ता है,
मन में आशंकाओं की
नाव हिलोरे लेती,
आशाओं का चाँद भी
छिप जाता है,
रात भर खिली कुमुदनी भी
मुँह सिकोड़ती,
असफलताओं का तारा
तेज़ी से जगमगाता है,
ओ! घबराते हुए ज़िन्दगी के
मुसाफ़िर समझ ले,
तब दिन नया निकलता है।।

शहर की रात

जहाँ रौशनी है चारों ओर,
पर मन प्रेम से ख़ाली है;
आस पड़ोस की ख़बर नहीं,
और होती हर रात दिवाली है
आँख मेरी खुली इतने में ही,
जाग वहाँ से भागा उसी रात,
आई मेरे सपने में
बस, यूँही एक 'शहर की रात'

''है तुम्हारी मुस्कान''

''है तुम्हारी मुस्कान''
हिंदुस्तान की ख़ूबसूरती,
उस पर ''मेरी नज़र''
बेचारी पाकिस्तान सी,
जहाँ देखूँ। जब सोचूँ।
जब बोलूँ। बस;
हिंदुस्तान, हिंदुस्तान, हिंदुस्तान....।।

बेख़बर मत रहो तुम

बेख़बर मत रहो तुम
नादाँ बनकर संसार से
जुदा मत रहो,
खोलकर पर अपने,
जुदा हो धरती से,
बेख़बर उड़ता परिंदा भी
रखता है ख़बर,
धरती और आसमान की।
अभी उड़ रहे हो
तुम भी आसमाँ में, तो
ख़बर रखो परलोक
के जहान की भी।।

जलती धरती मन मेरा सीजता

जलती धरती मन मेरा, सीजता है
आकाश से हुए विरह की तपन
को, कहाँ कोई समझता है।
मैं विरही हूँ कान्हो की,
मैं धरती! तेरी तपन को समझती हूँ
सच्चा प्रेमी मौन ही रहता;
ना मुख से अपनी तपस्या कहता है।।

शाम होते ही बेचैनी सिमट गई

शाम होते ही बेचैनी दिनभर की सिमट गई,
सारा दिन फैली बाँहें शाम में फिर सिहर गईं,
राह पर खड़े दृग मेरे घर की ओर मुड़ चले,
धड़कन और फिर तेज़ होकर के थम गई,
तुम्हें बुलाते मेरे स्वर फिर बिगड़ गए,
कोयल तोते को कूहू करके समझा गई;
तुम ना आओगे इस शाम भी, वो मुझे चिढ़ा गई,
शाम होते ही हर शाम तुम्हें पुकारती है;
हे श्याम!, ये शाम कोई और नहीं मेरी भटकती
प्रेमी आत्मा है, जिसे तुम्हारे शरीर में जाना है।।
शाम होते ही.. ये तुममें मिलना चाहती है। शाम
होते ही ये तुम पर आच्छादित होना चाहती है।।

समय सीमित

समय सीमित है;
सीमित है मेरी खुशियाँ भी
सीमित भाग्य है हाथों में
सीमित जीवन साँसों में
सीमित तेरे मेरे
मिलन की घड़ियाँ;
फिर भला क्यों...?
खुदा तेरी यादों पर,
बंदिश करना भूल गया।
दे कर प्रेम के चंद पल,
विरह की गाथा को
असीमित होने का वरदान दिया।।

बिखरे मोती जीवन माला के

बिखरे मोती जीवन माला के,
जो तुमने कभी पिरोए थे।
बिखरे पुष्प यादों की बगिया से,
जो तुमने ही खिलाए थे।।
बिखरे पतझड़ के पत्तों सा,
विश्वास ही सारा बिखर गया।
बिखरे जीवन के सातों सुर,
संगीत भी तुम बिन रूठ गया।।
बिखरे मेरे विचार भी सब केवल,
प्रियवर तुम्हें बुलाते हैं।
बिखरे मेरे प्राण ना अब,
एक अंतिम प्रेम मिलन ये चाहते हैं।।

सिर्फ़ आपकी कशिश

आपकी कशिश, मेरी
लेखनी की पहचान है।
लिखे हुए इससे शब्द
सब, आप ही के नाम हैं।।
जीने की कशिश,
कशिश मुस्कुराने की।
हमने सीखी आपसे,
अदा हर ग़म छुपाने की।।
एक कशिश, दिल को हमारे,
और तुम्हारी भा गई।
वादे किए सात जन्मों के,
और हर वादा झुठला गई।
फिर भी, आपकी कशिश;
दिल के आइने में जब उभरती है।
तब तब मेरे संग-संग
मेरे विचारों को भी ये लूटती हैं।
सिर्फ़ आपकी कशिश, मेरी
लेखनी की पहचान बनती है।

मुस्कुरा दिए थे तुम

दिल ने पहली गुस्ताखी
ही तब की थी
राह में चलते हुए जब यूँही
मुस्कुरा दिए थे तुम..
ताउम्र का इश्क़ उस राह पर
करके छोड़ दिया जिस राह
मिलने पर हर बार
मुस्कुरा दिए थे तुम।
आँखों की हया भी शरारतों
के साथ वहीं खेल कर शांत हुई
जिस राह जाते हुए पलट कर
फिर से, मुस्कुरा दिए थे तुम।।

क्या हुआ

क्या हुआ अगर कोई
पैमाना छलक गया।
क्या हुआ अगर पीने वाला ही
मधु देख कर लौट गया।।
छलके पौमाने की बंदिश
किसी मधु का संग नहीं।
पीने वाला लौट जाए इससे
मदिरालय का अंत नहीं।।
वो नशा कैसा जो पीकर
जाम पे जाम फिर उतार दिया।
क्या हुआ अगर; मैंने, मधु ना
पीकर तुम्हारे ही नाम का घूँट पीया।।

दर्द की अपनी भाषा

दर्द की अपनी भाषा होती है,
अपने शब्द अपनी स्याही होती है।
दर्द की अपनी भाषा होती है,
अपने ग्रंथ इसके, अपनी क़लम होती है।
दर्द की अपनी भाषा होती है,
अपने एहसास, अपनी तकलीफ़ होती है।
दर्द की अपनी भाषा होती है,
अपने भाव और अपनी वर्तनी होती।
अंततः.........
दर्द की अपनी भाषा होती है,
अपने हालात, अपने फ़ैसलों से
इस अपनी भाषा की वर्णमाला लिखी जाती है।।

ये ठंडी हवा का झोंका

ये ठंडी हवा का झोंका
तेरे दामन को समेट कर मुझसे लिपटा गया;
मैं कुछ ना कर सका और तू भी तो,
कुछ शर्मा सा गया....
ये ठंडी हवा का झोंका।।
जब तेरे अलकों (लटों) से होता हुआ,
तेरी पलकों तेरे कपालों (गला), तेरे लबों पर
पहुँचा मानो मुझे चिढ़ा कर विद्रोह सा कर गया...
ये ठंडी हवा का झोंका।।
हुई ईर्ष्या इससे मुझे पर मुझसे
पहले ही ये तेरी ग्रीवा (गर्दन) को छू कर,
मुझे मात्र दर्शक सा बना गया...
ये ठंडी हवा का झोंका।।
जो शीतल कर तुझे अपनी ठंडक से,
फिर से मेरे हृदय से चिपटा गया;
और मेरी 'नफ़रत' को 'चाहत' में
अपने लिए बहा ले गया....
ये ठंडी हवा का झोंका।।

परछाइयाँ उभरती हैं

कितनी परछाइयाँ उभरती हैं
इस धरा के सीने पे,
उस आदित्य के प्रकाश से,
उतनी अँगड़ाइयाँ मचलती हैं;
देख मेरे सीने में तेरे मिलन के लिए।
कितनी परछाइयाँ उभरतीं हैं...
जेठ के महीने में,
हर वृक्ष के खड़े होने से,
उतनी लहरें नाचतीं हैं;
सुन मेरी धड़कन में,
पाने को तेरे प्रेम के लिये।
कितनी परछाइयाँ उभरतीं हैं...
'चाँदनी' रात में
हर सागर में झाँकने से चंद्र के,
उतनी 'चंद्रिका' बिखरती है;
बस उस मोहन संग रास रचाने के लिए।
कितनी परछाइयाँ उभरतीं हैं...
इस अंतिम महामिलन की,
हर प्रेमी के सीने में...।।

तुम्हारे साथ चलना है

एक ख़्वाब था मेरा
और ख़्वाब ही रह गया
टूट कर बिखरी मैं, और
मेरा इश्क़ इस क़दर
मैं तो ना चल सकी पर
तुम्हारे साथ ही चल दिया
मेरा वजूद और
मेरी साँसों का सफ़र।।

मुझे स्वीकार कर लो प्रभु

अज्ञानता का प्रतीक हूँ मैं,
तुम ज्ञान का सागर प्रभु,
मैं दुर्गुणों खान भी, तुम
हिरण्यगर्भा हो प्रभु;
हूँ मैं नाशवान सा तुम,
शाश्वत, अमर प्रभु पर
जी रहा हूँ बस इस आस में
की शायद, कभी कहीं तुम
मुझे स्वीकार कर लो..।।

नाज़ुक सा रिश्ता है

नाज़ुक सा रिश्ता है
आँखों से ख़्वाबों का,
होंठों से खुशियों का,
जिस्म से रूह का,
और मन से तुम्हारा......
जिन सबको मज़बूती प्रदान करता
बस एक प्रेम का बंधन न्यारा।।

क़ुबूल है

जिस फूल को
बालों में गुम्फित कर,
होते रहे बदनाम उम्रभर हम;
उसी फूल का काँटा चुभो कर,
कोई अगर साँसें भी छीने;
तो भी ..... इश्क़ हमें,
क़ुबूल है, क़ुबूल है, क़ुबूल है।।

ज़रा सी चाहत है

ज़रा सी चाहत है
धरती को गगन से;
फूलों को अरूण से,
क़लम को काग़ज़ से,
होंठों को मुस्कुराहट से,
'चाँदनी' को समंदर से;
और हमें भी तो बस यही;
ज़रा सी चाहत है 'कान्हा' आपसे।।

एक शख़्स है जो

एक शख़्स है
जो हर लम्हें का साथी है;
पर मेरा हमसफ़र नहीं है।।
एक शख़्स है...
जो मुझसे भी ज़्यादा मुझसे वाक़िफ़ है;
पर वो कोई ज्योतिष नहीं है।।
एक शख़्स है....
जो पहचानता है मेरी सारी रगों को;
पर हाँ वो कोई वैद्य नहीं है।।
एक शख़्स है.....
जो तड़पा है मेरे ख़ातिर;
पर मेरा नसीब नहीं है।।
एक शख़्स है.......
जो अपना कहता तो है;
पर नहीं हो पाता जो अपना।।
कौन जाने क्यों कोई
आकर चला जाता है जीवन में,
और क्यों कोई दिल अंत तक
पुकारता है उसे कि,
एक शख़्स है, एक शख़्स है,
एक शख़्स है।।

प्यार वो ताक़त

प्यार वो ताक़त है जो,
ज़िंदगी का एहसास कराती है;
हमें अपनों के ख़ातिर
अपनेपन से जीना
सिखाती है।।
टूट जाते हैं जब कभी
दुनियाभर के दस्तूर से हम,
तब यही प्यार की ताक़त सब तरफ़
से संभालती है।।

प्यार ने सहेज कर रखा

प्यार ने सहेज कर रखा मुझे
प्रेम अमानत सौंपने के लिए तुझे;
वरना ठहरता है कौन कहाँ यहाँ
किसके इंतज़ार में..? बस तेरे ही
प्यार ने सहेज कर रखा मुझे;
एक तुझसे फिर
मिलने की आस में।।

नृत्य और ताल

तुम और हम
नृत्य और ताल हैं,
जीवन है अशांत
प्रेम सृजनहार है।।
दो हृदय के स्पंदन में
एक वीणा का झंकार है;
तुम और हम
हाथों की कला, दृग का भाव हैं।।
समाज बना जब प्रतिद्वंदी,
संग प्रेम भी नृत्य कर रहा।
तुम और हम मिल जब थिरके,
सारा ब्रह्मांड भी नाच रहा।।

है कोई?

है कोई, जो शब्द को नहीं
भाव को समझे
चेहरे पर नहीं, बस प्रेम पर रीझे।
है कोई, जो पास ही नहीं
दूर रहकर भी चाहे,
दो आँखों में सारा संसार बसाये।।
है कोई.........
जो जिस्म छुए बिना रूह में समाए,
जो दो लफ़्ज़ में पूरे ग्रंथ लिख जाए।।
है कोई यहाँ....
या प्रेमी मन की बस कोरी कल्पना!

हमारे दरमियाँ

हमारे दरमियाँ
सिर्फ़ ख़्वाहिशें बाक़ी रह गईं;
तुम और हम ही ना रहे बस,
ग़ैरों की फ़रमाइशें बाक़ी रह गईं;
आ मिले थे यूँही जिस
चौबारे पर तुम कभी,
उस चौबारे सी इच्छाएँ
झटपटाती रह गईं,
हमारे दरमियाँ
सिर्फ़ ख़्वाहिशें बाक़ी रह गईं।
तुम और हम ही ना रहे बस,
औरों की फ़रमाइशें.....

बात क्या है

बात क्या है कुछ मालूम ही नहीं
तुम हो पास और पास भी नहीं।
मगरूर तुम हो या लबों से निकले
तुम्हारे दो बोल हैं, जो बोले हैं कुछ
और तुम्हें पता भी नहीं....
बता क्या है कुछ मालूम ही नहीं
तुम हो पास और पास भी नहीं।।

प्रेम गणित

होता अगर प्रेम भी
गणित के सवालों
जैसा, जिसमें
'माना' कुछ भी जाता
पर अंत में
'सिद्ध' सब हो जाता .....।

अपनी जगह पर रख कर

अपनी जगह पर रख
रख कर, विचारों को
मैंने पिरोया था
माला सा
इनको, तुम्हारी नज़र के
आकर्षण से ये बिखरने लगे;
मुझे ही नहीं, तुम मेरी
क़लम को
भी अपनी ओर खींचने लगे।।

आँसुओं की चाशनी में

आँसुओं की चाशनी में, हर सुख चीनी सा घुल रहा।

इज़हार किया खुद जुबाँ ने, और दिल नशे में धुत रहा।।

आँसुओं की चाशनी हो, या हो कि चाशनी तेरे प्रेम की।

दोनों की मिठास बन कर 'सुहृदय', तेरा प्रेम मुझसे खेल रहा।।

पर, आँसुओं की चाशनी को; कभी ना चखना तुम प्रिय।

कठिन है इसकी प्रक्रिया, और इसका खारा नामक प्रिय।।

इन्हीं, आँसुओं की चाशनी से सराबोर; मैंने अपना हर स्वप्न किया।

तुम ना पान करो कभी इसका, जाओ तुम्हें 'प्रेमतप' से आज़ाद किया।।

इसलिए तो .. अब....

आँसुओं की चाशनी हर रोज, दृग से निकल बहती है।

चाँद से भी प्यारी है ''चाँदनी'', रात की हर कली कहती है।।

सुख है तो बस इतना है

सुख है तो बस इतना है,
तुम्हारे साथ हूँ, और
अपना वजूद तलाश करती मैं;
सुख है तो बस इतना है
संग चली तुम्हारे,
पर हर राह को बस
अवलोकित करती मैं;
सुख है तो बस इतना है
जानी गई तुम्हारे नाम से,
फिर भी अपने ही नाम की
पहचान करती मैं;
सुख है तो बस इतना है
अर्धांगनी बनी तुम्हारी,
फिर आज क्यों अपने ही
अस्तित्व को खोजती मैं;
सुख है तो बस इतना है,
प्रेरणा बनी जब तुम्हारी;
तो फिर क्यों शक से
सबके घिरती मैं.....?
'व्यथा' एक स्त्री की
जिसे सुख है तो बस इतना है
''समय'' ने उसे सावित्री,
गार्गी और मैत्रयी तो बनाया
पर ''समाज'' उसे फिर भी ना समझ पाया।।

खुशियों की वो बेला

खुशियों की बेला हर बार
बदल गई इंतज़ार में;
दो घड़ियाँ सुकून की नसीब
ना हुई हमें प्यार में।
तुम आए जिस घड़ी में
वो घड़ी तबसे गवाह है;
मेरी आँखों में सजे ख़्वाब
दुनिया भर से ख़फ़ा हैं।
दिल के आँगन में सुकून
परिंदा फड़फड़ाता रह गया;
खुशियों की बेला में भी
आदमी दुःख गाता रह गया।।

तुम मेरे नहीं हुए

कौन कहता है, तुम मेरे नहीं हुए
फूलों की सुगंध, समीर का अल्हड़पन
सूरज की रौशनी, चाँद की चाँदनी
गंगा की लहर, भूमि की फ़सल,
शरीर की आत्मा, प्रकाश की छाया,
प्रकृति के कण कण ने प्रेम गीत
हर पल तुम्हारे मेरे मिलन का गाया,
फिर ''कौन कहता है''
तुम मेरे नहीं हुए।।

सुबह होने वाली है

बिखरी रही चाँदनी रात भर, अब सिमटने वाली है
गोपियों थोड़ा थम जाओ, सुबह होने वाली है।।
कृष्ण छाया दिखी सब ओर, अब ओझल होने वाली है।
बीता रात का अंतिम प्रहर भी, नभ में चढ़ रही लाली है।।
भुला बिसरा रोग और दुःख, हर गोपी कृष्ण संग नाची है,
महारास में अनंत सुख पाकर, रात भी हुई भाग्यशाली है।।
मोहन राधा संग इस रात, हर गोपी के हृदय में समा रहे,
भूले सब ब्रजवासी अपना नाम, बस कृष्ण कृष्ण याद रहे।।
रात भी थम गई थक कर रात भर, पर तुम्हारा नृत्य जारी है,
गोपियों! तुम भी अब थम ही जाओ, 'सुबह होने वाली है'।।

अपने ऐब

अपने ऐब भी देखो,
ना देखो मेरी कमियों को।
अपने सितम भी देखो,
ना देखो मेरी बेवफ़ाई को।।
निभाते रहे मुद्दतों जो रिश्ता
उलझे तारों सा था।
सजाते रहे उस डाली को
जो गुलिस्ताँ उजड़ा सा था।।
पर अब वक़्त की बदलती
इस रस्म को देखो,
ना देखो मेरी कमियों को
अपने ऐब भी देखो।।

सोचा तो था

सोचा तो था ख़्वाब सारे हक़ीक़त बनेंगें,

और तुम प्रियतम कहलाओगे;

आकाश हमारी छत होगा,

घर चाँद पर बनवाएँगे;

जगमगाते तारे आँचल बन मेरा,

तुम पर सब लहरायेंगे,

पूनम की हसीं ''चाँदनी'' होगी,

धरती पे कमल मुस्काएँगे।।

सोचा तो था.....

पर देखो हक़ीक़त कुछ और बनी,...

सपनों की रंगी चादर ही, अब विछोह की डोर बनी;

मैं यहाँ तुम वहाँ दोनों अलग अलग हो जाते हैं;

दो प्रेमी कभी ना मिलते, दो छोर बने बस रह जाते हैं;

रस्में जग की निभाते निभाते खुद वियोग रस बन जाते हैं;

फिर कह सुनाते सारे जग को

अपनी बीती बातें हैं!!,

कि-सोचा तो था

ख़्वाब सारे हक़ीक़त बनेंगें;

और दो किनारे मिल जाएँगे।।

कब कहा

मैंने कब कहा मेरी लेखनी के शब्द बन जाओ;
कि मैं जब भी कुछ लिखूँ, हर बार
सिर्फ़ तुम लिखते चले जाओ।।
मैंने कब कहा मेरे पैरों के नूपुर बन जाओ;
और जब भी कहीं चलूँ, हर बार
सिर्फ़ तुम ही छनकते जाओ।।
मैंनें कब कहा मेरी जीवन की श्वास बन जाओ;
इस तरह मैं, जब जब जीऊँ, हर बार
सिर्फ़ तुम ही जीवित रह जाओ।।
मैंनें कब कहा कि मेरी आत्मा में समा जाओ;
कब कहा कहाँ कहा जहाँ रहूँ मैं
वहाँ वहाँ तुम भी उपस्थित
हो जाओ।।

सावन का उल्लास भर दो

ज़िंदगी अब हुई निराश
सावन का उल्लास
भर दो इसमें प्रभु;
मन है शब्दों से बंजर मेरा
इसे बूँदों की शोर सा
पल्लवित कर दो प्रभु।
तुम हो सबके खेवनहार
मुझे भी बरसात के मौसम
और जीवन के भव सागर
में डूबने से बचालो प्रभु।।

सिक्के के दो पहलू

हर सिक्के के दो पहलू होते हैं
कितने ही हक़ीक़त कितने ही ख़्वाब होते हैं,
हर प्रेमी क़िस्मत वाले कहाँ होते हैं;
कुछ राधिका मोहन ही बन जाते हैं।।
ताउम्र का वो प्यार कुछ सालों में निभाते हैं;
राधा मोहन मिले ही नहीं जब, फिर
क्यों उन्हें अमर युगल हम कहते हैं...?
शायद इसीलिए,
हर सिक्के के दो पहलू होते हैं।।

मेरा एक काम

मेरा एक काम कर दो
इस जीवन में ना सही पर
अगले जनम को मेरे नाम लिख दो।
बिना तपस्या तुम्हें पा जाऊँ
ऐसी इच्छापूर्ति का वर दो।।
मेरा एक काम......
वक़्त के साँचे में ढली
मेरी क़िस्मत की चाबी को।
तुम अपनी चाहत के पुर्ज़े से
सही से ठीक कर दो।।
मेरा एक काम ....
तरू बिन तपती इस
रेत की मरू भूमि को।
अपने प्रेम वृक्ष की छाया से
सिंचित कर दो।।
मेरा एक काम....
पाकर तुमसा मीत कुछ शेष
ना हो फिर मन की प्रीत।
मोहब्बत पर लगे हर अपवित्र दाग़
को निष्कलंकित कर दो।।
बस यही ''मेरा एक काम कर दो..।''

क्या जानो

तुम क्या जानो इंतज़ार
की घड़ियाँ गिनना;
बेखुदी के आलम में
होश को संभाले रखना।।
तुम क्या जानो मिलन के
दो पल में सदियाँ जीना;
ना चाहते हुए भी प्रेम अरमान
को दिल से दूर रखना।।
तुम क्या जानो आठों पहर
की कड़ियाँ जोड़ना। जानो
तुम क्या, दूसरे के ख़ातिर
किसी का मन रखना।।

कई ख़्वाब थे

मेरे भी कई ख़्वाब थे
कई अरमान कई विश्वास थे
घर की ज़िम्मेदारी ने सबका
अंतिम संस्कार कर दिया;
मैंनें अपने सपनों को दफ़ना
घर की रोटी का बोझ उठा
अपने शीर्ष पर धर लिया;
बाल मज़दूर का नाम ना दो
मैंनें अपने परिवार के लिए
बालमन के सपनों को,
जरूरत के यज्ञ में
कब का आहूत कर दिया।।

जिया नहीं गया

जिया नहीं गया हमसे
इंकार जबसे किया
तेरे इश्क़ को मन से,
तब से जिया नहीं गया हमसे।।
कर के आज़ाद दिल के
परिंदे को धड़कन से,
फिर ना जी पाए
पल दो पल सुकूँ से।।
तेरे बिना यहाँ जिए तो हम भी तन से,
पर खोई रहीं साँसे इस बदन से।।
किया इंकार हमने तुझको जबसे,
सच है जिया नहीं गया हमसे।

कल की बात

अभी कल की बात थी
तुम्हारी मुस्कान मेरे प्रेम की शुरूआत थी,
तेरी चाहतों की शर्तों ने
मेरे प्रेम पर कर्ज़ कर दिया।
चुका ना पाया जिसका ब्याज मैं
मुझसे वो सौदा तुमने
इश्क़ में भला क्यों किया ?
अभी कल की बात थी....
प्रेम के जिस सरोवर को
सृजित किया था तुमने मैंनें मिलकर,
आज देख उसमें औरों का
प्रतिबिम्ब उसे अपवित्र
तुमने क्यों किया ?
अभी कल तक मेरे हर
प्रश्न का उत्तर सिर्फ़ तुम्हारे
ही बस की बात थी;
आज कुछ ना बोलकर
हमारे ही प्रेम को निरूत्तर
तुमने भला क्यों कर दिया.....??

करें क्या जब

जब इश्क़ की इबारत लिखने वालों
को बंधन की हिदायत दी जायें;
करें क्या..
जब उड़ते परिंदों के परों में
परतंत्रता की कैंची से छटनी की जाए;
करें क्या....
जब दुलार बटोरते बछड़े को
उसी की माँ से अलग किया जाए;
करें क्या..? ''चाँदनी''
जब चंद्र में ही ग्रहण लग जाए;
जवाब है
क्यों ना अपनी अपनी क़लम उठाएँ
क्या पता किसके शब्द से
किसके विचार बदल जाएँ।।

रेखाएँ

रेखाएँ, क्या कहती हैं
कभी ये तो कभी वो
राहें दिखाती हैं,
जीवन के सब खेल
इससे शुरू होकर ख़त्म
इसी पर होते हैं,
शब्दों की रेखाएँ सब समझते
पर ना क़िस्मत की रेखाएँ
जान पाते हैं;
रेखाएँ क्या कहती हैं...
किताबों की तरह
ये भी अगर पढ़ लेते तो
ना यूँ आज भटक रहे होते।।

ख़र्च कर दिया

ख़र्च कर दिया खुद को
कृष्ण तेरे प्रेम में,
पर तुम सी योग विद्या
सीख ना सके।।
ख़र्च कर दिया खुद को
एक चाँद देखने में,
पर झरोखें की ''चाँदनी''
देख ना सके।।
ख़र्च कर दिया खुद को
संसार के मोह में,
पर संसार से तरने
का मार्ग खोज ना सके।।
ख़र्च कर दिया खुद को
जीवन की चाह में,
पर जीवन रहते जीवन
जीना जान ना सके।।

मत कुरेदिये

वक़्त ने जिस अंगारे को राख
बनाया उस राख को अब
मत कुरेदिये,
सुलग कर राख सारी
तेरी यादें हो गईं उस
राख को अब मत कुरेदिये,
ज़िन्दगी से हमारी तेरी मोहब्बत का
पन्ना जल कर बिखर गया,
उस बिखरे पन्ने की राख को अब
मत कुरेदिये।।

बस मे नहीं

मेरे बस मे नहीं तुझे मैं अब समझाऊँ,
तुझे कुछ कहूँ और तुझसे कुछ सुन पाऊँ।।
हर बार की तरह जुदाई की रस्म का
यह फैसला भी तुमने किया,
जब चाहा आकर छू लिया शब्दों को,
और जब चाहा उन्हें ही अशुद्ध क़रार दिया।
मेरे बस में नहीं...
तेरी ग़लतफ़हमियों को सच का ताबीज़ पहनाऊँ,
तू करे नख़रे इश्क़ में और मैं तुझपे बलिहारी जाऊँ;
मेरे बस में नहीं अदा को तेरी नफ़रत की
अपनी इंसानियत से छुपाऊँ;
तू करे सितम पे सितम मोहब्बत में,
और मैं मोहब्बत के ख़ातिर ही सब सहती जाऊँ।
मेरे बस में नहीं, तुझे अब मैं कुछ भी समझा पाऊँ।।

बादल बन जाऊँ

मैं बादल बन जाऊँ, बनो तुम मेरा सवेरा;
तुम गंगा बन जाओ, बनू मैं सागर तेरा।।
जब रूठी हो तुम संग अपने,
घटाओं को मोड़ लाऊँ;
जब गाओ गीत लिखे मेरे,
गरज गरज तुम संग गुनगुनाऊँ।
जब सताए मेरे बिन कोई दूजा,
तब सुर्ख़ होकर दूँ उसे सजा;
जो कभी बहाओ तुम अश्रु
मेरे विरह के, संग बरसु मैं हमेशा
क्रोधित होना हो जब किसी पर
वो भी मुझसे कहना प्रिय
तूफ़ान आँधी सब समेट कर,
कर दूगाँ उसे भी दूर सुहृदय।।
इस तरह तुम्हारी सारी इच्छाएँ मैं पूरी कर पाऊँ
तभी लिखा आज मैंने की मैं बादल बन जाऊँ।।

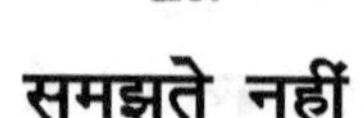

समझते नहीं

तुम समझते नहीं मेरे किसी जज़्बात को
मेरी बेइंतहा मोहब्बत, ओर मेरे हालात को।।
तुम समझते नहीं....
चंद्र से दूर प्रतिक्षा करते उस, कुमुदनी के प्यार को,
सूरज के लिए लालायित, सूरजमुखी के झुकते भाल के।।
तुम समझते नहीं....
जल बिन तड़पे जलज की हर पंखुड़ी की प्यास को।
गुलाब की महक पाने को; तरसे काँटों के एहसास को, संग
होके भी जो उसे छू ना सका।।, पर
तुम समझते नहीं....
प्रेम में आँखों से होती, बिन बादल बरसात को।
ना कह कर सब कहा, ऐसे अनकहे एहसास को;
तुम समझते नहीं....
सुख दुःख से भी पार, उस परम आनंद के भाव को।
चाहत के ख़ातिर जुदा हुए, धरती के आधे चंद्र भाग को।।

मजबूर हैं

आदत से मजबूर हैं, तुझे ही देखने की।
वरना मंज़िल के हर रास्तों से वाक़िफ़ हैं हम।।
चाहा तुझे ऐसे कि बाक़ी सबको, चाहना छोड़ दिया।
रटा तुझे ऐसे कि, बाक़ी सब कुछ रटना छोड़ दिया।।
आदत से मजबूर हो, दोहराया तेरा नाम ऐसे ही।
कि फिर बाक़ी सब पढ़ना, मैं भूल ही गया।।
और हर पन्ने पर तेरा चेहरा उकेर, चला मैं।
फिर तो, हर पेपर में लिखना, भूल ही गया।।
आज ज़िंदगी की परीक्षा भी, पेपर जैसी ही लगती हैं,
जानता हूँ आज भी जिसे पास करना मैं,
पर वही आदत से मजबूर हैं;
तेरी एक छाया मेरा पीछा करने लगती है।।

संस्कृत जैसा प्रेमग्रंथ

काश! संस्कृत भाषा की
व्याकरण सिखाने वाले
ग्रंथ की तरह,
एक ग्रंथ प्रेम की व्याकरण
सिखाने वाले नियमों
का भी होता,
जिसे जब चाहा पड़ कर
प्रेम की भी सारी उलझने ठीक
तो हो जाती।।

सब सुरक्षित रहें नाथ

सब सुरक्षित रहें, अनाथ ना कोई हो जाए;
सब सुरक्षित रहें, हे नाथ! नाम ना तेरा खो जाए;
सब सुरक्षित रहें, होंठ सभी के फिर मुस्काए;
सब सुरक्षित रहें, मनु जीवन फिर खिल जाए;
सब सुरक्षित रहें, ये आस ना कहीं मर जाए;
सब सुरक्षित रहें, विश्वास हमारा बस जी जाए;
सब सुरक्षित रहें, कल्याण सबका हो जाए;
सब सुरक्षित रहें, कामना हमारी फल जाए;
सब सुरक्षित रहें, निज मन ना किसी का डगमगाए;
सब सुरक्षित रहें, हे नाथ! नाम ना तेरा कहीं खो जाए।।

थोड़ा थोड़ा करके ही

थोड़ा थोड़ा करके जीव बनता है,
थोड़ा थोड़ा करके बड़ा होता है,
थोड़ा थोड़ा करके जीवन समझ आता है,
थोड़ा थोड़ा करके ही
मृत्यु शय्या तक पहुँचता है,
फिर क्यों? अचानक प्यार ही
केवल बहुत ज़्यादा हो जाता है।

जून तुम्हारा स्वागत

जून तुम्हारा स्वागत है
स्वागत है जून सी जुनूनियत का;
बाग़ों में खड़े जुनून भरे पेड़ों
और जुनून से तपती धूप का।
जून तुम्हारा स्वागत है
स्वागत है जून सी ज़िद का;
ठंडे को फिर गरम करे
मुँह बिगाड़ते सूरज का।
जून तुम्हारा स्वागत है
स्वागत है तुम्हारे गुणों का।।

मैंने विदा किया

विदा किया तुम्हारे ख़्वाबों को जीवन से, ''देखो''
अब ज़िंदगी वाक़ई खुशियों सी लगती है।।
विदा किया तुम्हारी चाहत को दिल से, ''सुनो''
धड़कन अब वाक़ई मेरे सीने में धड़कती है।।
विदा किया तुम्हारे इश्क़ को जज़्बातों से ''कहो''
अब, कि हर घड़ी वाक़ई सुकून सी लगती है।।

मन काग़ज़ की नाव बन

मन काग़ज़ की नाव बन तुम्हारी ओर प्रवर्त हुआ,
तुम प्रेम का हो अपार दरिया, खो ना देना
कहीं इसका अस्तित्च ही पिया।।
जब कहीं झुके समर्पित हो तुममें तुम
इसे उचक कर आगे बड़ा देना, और
कहीं मान कर हार हवा से उड़े नाव
तो प्रेम से ही इसे बाँध लेना, क्योंकि;
मन काग़ज़ की नाव पिया,
तुम हो प्रेम का अपार दरिया।।

तुम्हें देखे हुए

तुम्हें देखे हुए चन्द पल ही गुजरे थे
की दरकार फिरसे दीदार की हुई,
नशा था सुर्ख़ तेरी नज़रों में
मेरी मोहब्बत का ही, तभी तो
मुझे इल्तज़ा भी सिर्फ़ तेरे ही प्यार की हुई।
तुम्हें देखे हुए दिन भर की थकी चाह ने,
रात के दामन को दुल्हन सा सजा दिया।
तारों की मुस्कुराती हसीं रौशनी ने भी,
चमचमा कर मानो 'चाँदनी' से
मुँह दिखाई का वादा लिया।
तुम्हें देखे हुए फिर से सिर्फ़
एक झलक देखने की आस ने हे! स्त्री,
तुलसी से 'मानस' और कालीदास से
'मेघदूतम्' लिखवा दिया।।

अनकही कुछ ख़्वाहिशें

मन से मन की अनकहीं
कुछ ख़्वाहिशें रह गईं;
अधूरे अल्फ़ाज़ों से उकेरी
कुछ गज़ले रह गईं।।
जीवन के रेगिस्तान पर मिले
कुछ रेत के टीले भी ऐसे;
जिन पर तेरी यादों की बनी
कुछ लकीरें रह गईं।।
इश्क़ की गीली मिट्टी से
बना वो चाहत का कारवाँ;
जिस पर मोहब्बत के रंग से
सनी दीवारें रह गईं।।
जिस रात गुनगुनाए मैंनें
तेरी आशिकी के तराने;
चाँद वहीं, चाँदनी वहीं,
रात भी वहीं थमी सी रह गई।।
और आहट जब जब लगी
दिल को तेरे आने की;
मौत भी इस जिस्म को छूने से रह गई।।

तुम प्रिय

मेरी मृत्यु पर तुम प्रिय देखो आँसू बहाना ना,
पल पल रोकर मुझको आँखों से ओझल करना ना,
रोएँगें मेरे संगी साथी मात-पिता और सास-ससुर,
पर प्रिय तुम रोकर
इस रूहानी रिश्ते को भौतिक बनाना ना।
मेरी मृत्यु पर तुम प्रिय देखो आँसू बहाना ना।।
हो चाहे कष्ट अपार उसको दिल में दफ़नाते जाना,
बीते पलों की यादों से तुम एक बार फिर बारात सजाना,
इस बार दुल्हन मैं नहीं मेरी यादें होंगी, जिन्हें
संसार से विदा कर तुम अपने वादों संग बिहाना
मेरी मृत्यु पर तुम प्रिय देखो आँसू ना बहाना।।
विवाह के सातों फेरों को मेरी चिता पर तुम दोहराना,
अंतिम संस्कार करो जब मेरा उसी क्षण हृदय में मुझे बसाना।
संग तुम्हारे इस तरह सदैव जी पाऊँगी,
रो रो कर मेरी अद्भुत प्रतिमा देखो कभी ना गलाना,
मेरी मृत्यु पर तुम प्रिय, कभी भी आँसू न बहाना।।
माथे पर सजे तुम्हारे नाम के सुहाग को,
मैंने शाश्वत और अमर किया;
तुम भी हमारे इस आलौकिक मिलन को,
इस लोक में अमर कर जाना।।
शोक सभा के हर एक पत्र पर,
मेरी लिखी कविताएँ ही दोहराना,
ऐसे एक जनम नहीं सातों जनम,
मृत्यु के बाद भी मुझे पा जाना,
लेकिन मेरी मृत्यु पर तुम प्रिय,
देखो आँसू ना बहाना।।
अपनी साँसों संग
मुझे एक विलक्षण जीवन देते जाना,
मेरी मृत्यु पर तुम प्रिय देखो आँसू ना बहाना,
हाँ मेरी मृत्यु पर एक भी
आँसू बस तुम प्रिय ना बहाना।।

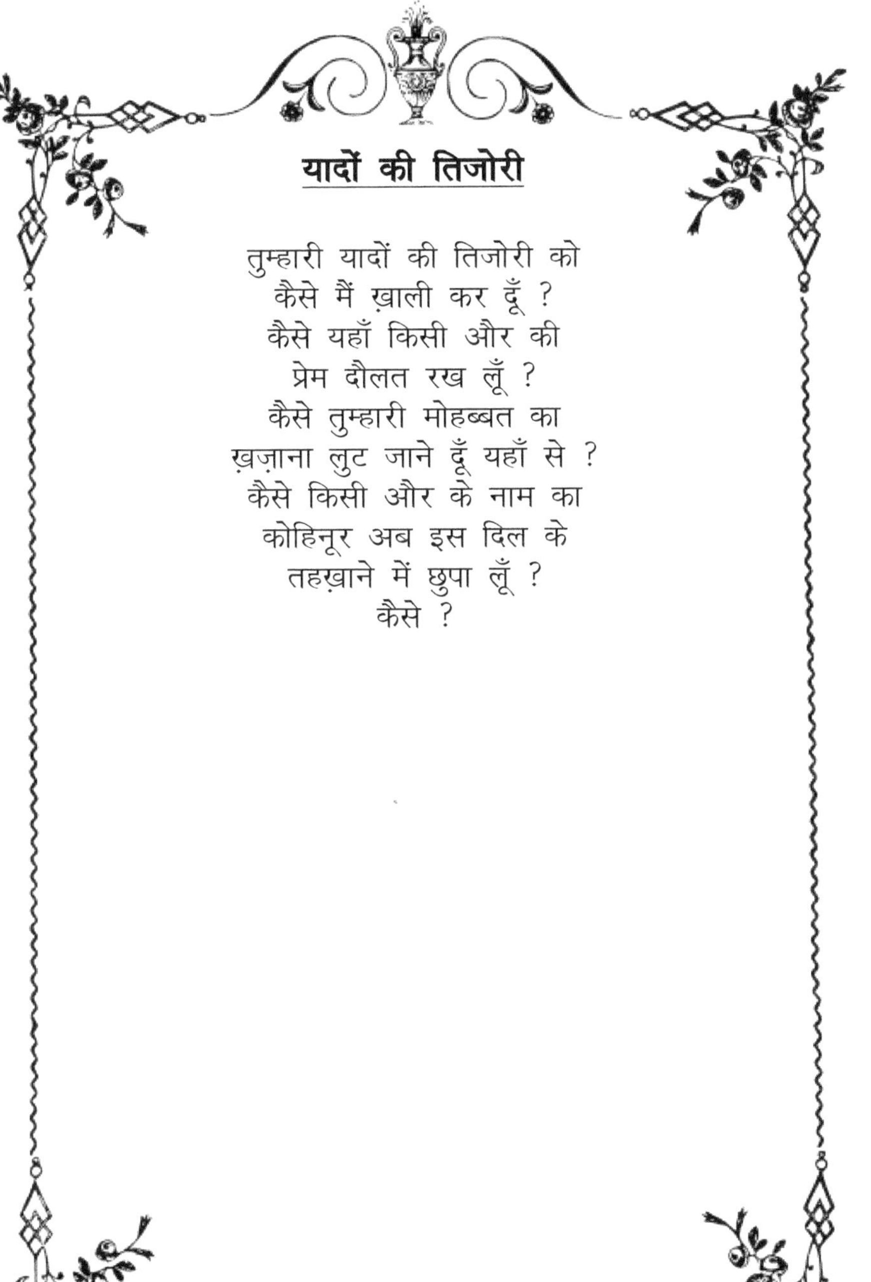

यादों की तिजोरी

तुम्हारी यादों की तिजोरी को
कैसे मैं ख़ाली कर दूँ ?
कैसे यहाँ किसी और की
प्रेम दौलत रख लूँ ?
कैसे तुम्हारी मोहब्बत का
ख़ज़ाना लुट जाने दूँ यहाँ से ?
कैसे किसी और के नाम का
कोहिनूर अब इस दिल के
तहख़ाने में छुपा लूँ ?
कैसे ?

नज़र आते हो

खेतों के फूलों में नहीं
तुम मुझे, खेत की मिट्टी में
नज़र आते हो;
नींद के ख़्वाबों में नहीं
तुम मेरी लेखनी के विचारों में
नज़र आते हो,
आते हो नज़र मेरे इस
जीवन में तुम नहीं; सब
उलझनों के पार तन्हाई में
तुम नज़र आते हो।।

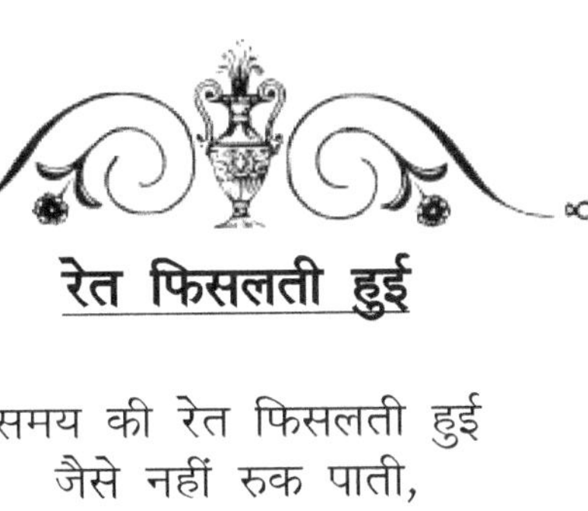

रेत फिसलती हुई

समय की रेत फिसलती हुई
जैसे नहीं रुक पाती,
ऐसी पहली मोहब्बत,
पहली चाहत
सबको ''क्यों'' हो जाती ?
जिसे जितना थामो
कस कर मुट्ठी में,
मगर वो तो
''समय की रेत'' सलीक़े
सबके हाथों से
फिसल ही जाती।।

फुरसत का इतवार चाहिए

फुरसत का इतवार चाहिए,
रातों में अब सुकून चाहिए।
इंतज़ार और कल्पनाओं से,
जूझता रहा हर स्वप्न मेरा;
मुझे अब सपनों में भी एक
बेफ़िक्री का इतवार चाहिए।।

जवाब दे

मौत! तू जवाब दे तेरे पास,
समय का प्रतिबंध नहीं ,
उत्तर की पाबंदी नहीं,
अपनो का बंधन नहीं,
मोहित तू किसी वस्तु से नहीं
झूठा तेरा वचन नहीं,
मतभेद भी तुझको आया नहीं,
ये सब ज़िंदगी रहते
ज़िंदगी को सिखाया क्यों नहीं ?
मौत तू जवाब दे....

गुमशुदा रास्ते

गुमशुदा रास्तों पर लेकर वो मुझे साथ चला,
जिसकी पहचान ना उसे थी ना मुझे,
ऐसा उसने सफर चुना।
सागर में उठती लहरों जितनी हलचल हुई मन में,
फिर भी विश्वास, भूमि जैसा स्थिर रहा।
गुमशुदा रास्तों की जिस तलाश में,
वो लेकर मुझे साथ चला।
उन्हीं 'गुमशुदा रास्तों' पे ही चल कर जीवन को,
प्रेम का प्रमाण मिला।।

तब किनारा कर लिया

दिन दिन करके कली को सहजा काँटों ने,
बनी कली जब फूल, हर कली ने काँटों से,
तब किनारा कर लिया.....
बूँद बूँद करके आसमान ने समेटा पानी को,
हुई जब बारिश, हर बूँद ने धुँधले बादलों से,
तब किनारा कर लिया.....
तिनका तिनका जोड़कर, बाँधा नीड़ को,
तूफ़ान आते ही हर तिनके ने नीड़ से,
तब किनारा कर लिया.....
एक एक करके लोगों को बसाया नदियों ने,
बाढ़ आते ही सबने मिलकर घाटों (किनारों) से,
तब किनारा कर लिया.....
जरा जरा सिखा जीवन के संस्कार बेटों को,
वृद्ध होते ही माँ की परवरिश ने उन बूढ़ों से,
तब किनारा कर लिया....
जिस जीवन को समझा अमर जवानी सा,
उस जिस्म की रूह ने शरीर के रोम रोम से,
किनारे पर ही तब किनारा कर लिया।।

सुनसान रातें रातें सुनसान

तेरे बिना बिना तेरे, दिल मेरा मेरा दिल।

चाहे तुझे तुझे चाहे, कैसे कहूँ कहूँ कैसे।

बग़ैर तेरे तेरे बग़ैर,

धड़कन मेरी मेरी धड़कन, थम जाती जाती थम।

तू जहाँ जहाँ तू, मैं वहाँ वहाँ मैं,

नजरें तेरी तेरी नजरें, मुड़ें जिधर जिधर मुड़ें।

देखूँ उधर उधर देखूँ, दिखे तुम तुम दिखे।

मन मेरा मेरा मन, दिन रात रात दिन।

सोचे तुम्हें तुम्हें सोचे, यादें मेरी मेरी यादें।

सिर्फ तुम तुम सिर्फ,

इश्क मेरा मेरा इश्क, रहा मौन मौन रहा।

तेरे बिना बिना तेरे, सुनसान रातें,

रातें सुनसान.....।।

गर्व हर बात का

मेरी माँ! गर्व हर बात का और
भला क्यों ना करूँ मैं।
जीवन दिया तुमने, तुम्हारा
ही तो एक अंश हूँ मैं।।
आपके अस्तित्व में रह
खुद को पहचाना मैंने।।
हर दुर्लभ परिस्थिति में,
करीब आपको ही पाया मैंने।।
आशीष आपका या वरदान कहूँ इसे मैं,
गर्व हर बात का और भला क्यों ना करूँ मैं।।

वही था एक

वही था एक, जिससे अरमान सारे जुड़ें थे,
जो ग़ैर होकर भी रूह तक पहुँच सका।

जिसने इशारों में ही मेरे हर भाव को पढ़ा,
वही था एक, जो साँसों की तलब समझ सका।

वही था एक, जो हर पल हर गजर का साक्षी, मेरा
साथी बनकर ख़्वाबों को आसमानी पंख दे सका।

अपने एहसासों की स्याही तैयार कर वो मेरी,
क़लम के लिए शब्द प्रदान कर सका।।
वही..

लिखना चाहूँ

लिखना चाहूँ जब वास्तविक्ता को
क्यों कल्पनाएँ संजो देता हूँ।
लिखना चाहूँ जब दर्द को,
प्रेम के शब्द पिरो देता हूँ।।
मैं कवि हूँ साहब,
मुखौटे के अरमान भी
सारे पढ़ लेता हूँ।।